おしゃれでおいしい！

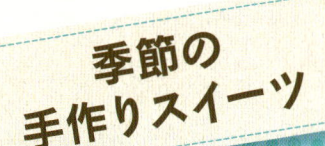
季節の手作りスイーツ

Special Day Sweets
とっておきの日のスイーツ
バレンタインデー&バースデー

とっておきの日のスイーツ
バレンタインデー & バースデー
もくじ

この本に出てくるお菓子作りの言葉	3
調理器具を使うときに気をつけること	3
お菓子作りでは、こんな道具を使います	4
材料をはかる道具と材料のはかり方	5
材料について知っておきましょう	6
お菓子作りを楽しむために	7

〔マークの見方〕

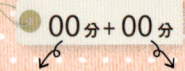

●00分＋00分
料理にかかる時間 / 冷ましたり、焼いたり、待っていたりする時間

●●●●●で
材料に火を通したり、加熱したりするのに使う主な道具

8 30分 火を使わない
フルーツチョコ

10 30分 火を使わない
マンディアン

12 40分＋1時間（冷蔵庫） 火を使わない
生チョコ

14 30分＋30分（冷蔵庫） 火を使わない
ホワイトチョコナッツバー

16 20分＋20分（焼き時間） オーブンで
ブラウニー

18 1時間＋30分（冷蔵庫） 火を使わない
トリュフ

20 20分＋30分＋15分（冷蔵庫）（焼き時間） オーブンで
ハートクッキー

24 30分＋20分（焼き時間） オーブンで
バースデーカップケーキ

28 30分＋1時間＋15分（冷蔵庫） 火を使わない
フルーツサンドケーキ

30 30分 なべとフライパンで
ポップコーン＆マシュマロクッキー

3分 電子レンジで

32 20分＋1時間＋20分（かんそう）（焼き時間） オーブンで
ラスク

34 40分＋25分（焼き時間） オーブンで
バースデーショートケーキ

38 1時間＋30分（冷蔵庫） なべで
生キャラメル

23, 27, 33
ラッピングアイディア

この本に出てくるお菓子作りの言葉

室温に置く
牛乳やバターなどを冷蔵庫から出して、部屋に置いておくこと。使用する15～30分くらい前には出しておく。室温に置くことで、ほかの材料となじみやすくなります。

湯せんにかける
お湯を入れたボウルやなべの上にボウルを重ねて、間接的に温めながら、とかしたり、あわだてたりすること。チョコレートをとかすときもこの方法を使います。

あら熱をとる
熱い状態のものを、手でさわれるくらいまで冷ますこと。

フッ素樹脂加工のフライパン
こげつかないような加工がしてあるフライパン。少量の油でも生地がくっつきにくいので、きれいに仕上がります。

裏ごし
こし器（または万能こし器やざるなど）に材料をのせ、木べらなどでつぶしながら、なめらかな状態にすること。

6分立て
生クリームのあわだて具合を表す言葉。とろみがついて、あわだて器で混ぜたあとがすぐにすーっと消えていくくらいのかたさ。

8分立て
あわだて器で混ぜたあとがそのまま残るくらいのかたさのこと。

ピューレ状にする
フルーツや野菜を生のまま、または加熱してから、つぶしたり、裏ごししたりして、どろどろの状態にすること。

調理器具を使うときに気をつけること

[ガス]
🍴 ガスを使うときは、決して火のそばからはなれてはいけません。
🍴 火のそばに燃えやすいものを置くのは危険です。くれぐれも気をつけましょう。

[電子レンジ]
🍴 この本では、600W（ワット）の電子レンジを使っています。500Wの場合は加熱時間を約1.2倍に、700Wの場合は約0.8倍に変えてください。

[オーブン]
🍴 焼きはじめる前に、作り方に指定されている温度に温めておきましょう。
🍴 中までちゃんと焼けているかは、生地の真ん中を竹ぐしでさして確認します。何もついてこなければ、焼けています。
🍴 焼き上がったお菓子をとりだすときは、必ずミトンや厚手のふきんを使い、やけどにはじゅうぶん注意しましょう。

お菓子作りでは、こんな道具を使います

この本で使う道具をしょうかいしましょう。
道具と仲良くなれば、お菓子作りがもっと楽しくなります。

ボウル
ちがうサイズのものが2つあると便利。電子レンジにかけるときは、必ず耐熱性のものを使いましょう。チョコレートをとかすときは、熱が伝わりやすいステンレスのボウルを使うとよいでしょう。

バット
下ごしらえした材料をのせたり、チョコ作りにも使ったりと、いろいろ重宝する道具です。

あわだて器
混ぜたり、あわだてたりするときに活やくします。

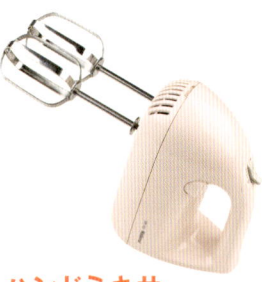

ハンドミキサー
たくさんつくったり、速くあわだてたりするときには、とても便利な電動あわだて器。

ゴムべらと木べら
ゴムべらは、さっくり混ぜ合わせるときに、木べらは力を入れて混ぜるときや裏ごしをするときに使います。小さいサイズのゴムべらもあると便利。火にかけながら混ぜるときなどは、耐熱性のゴムべらがおすすめ。

万能こし器
粉類をふるったり、裏ごししたりするときに使います。

茶こし
粉糖をふったり、少量の裏ごしをしたりするときに使います。

しぼり出しぶくろと口金
しぼり出しぶくろの先に口金をとりつけ、クリームなどをしぼり出します。口金の形や大きさはさまざま。

ケーキクーラー
焼き上がったお菓子を冷ます道具。ケーキクーラーがなければ、オーブンについているあみでもOK。

めん棒
クッキーなどの生地をのばすときに使う棒。

なべ
この本ではポップコーンや生キャラメルをつくるときに使っています。

フライパン
焼いたり、蒸したりするときに使います。蒸すときにはふたが必要。

オーブンシート
型や天板にしき、生地がくっつかないようにします。

ラップ
作業をしやすくするために、いろいろな使い方をします。

お菓子の型

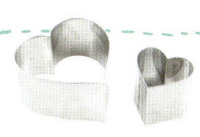
クッキー型
いろいろな形や大きさがあるので、好みのものを。

角型
ブラウニーなどを焼くときに使います。

丸いケーキ型
主にケーキをつくるときに使う型。サイズはいろいろ。この本では底がぬけるタイプを使っています。

材料をはかる道具と材料のはかり方

正しいはかり方を覚えておきましょう。

粉類は表面を平らに
最初は多めにざっくりとすくい、ほかのスプーンの柄などを使って、表面を平らにすりきります。

1/2さじ

液体は表面がふくらむくらいまで
牛乳などの液体は、スプーンのふちより少し盛り上がって見えるまで入れます。

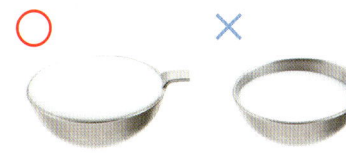

○ これが正しい 大さじ1ぱい　　× これでは少なすぎ

計量スプーン
少量の材料をはかるときに使います。大さじは15mL、小さじは5mL、小さじ1/2は2.5mL。小さじ1/4は1.25mL。

計量カップ
材料をはかるときに使います。1カップは200mL。

 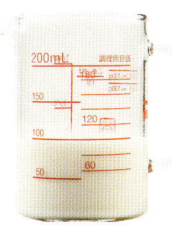

目盛りの高さに目線を合わせて
安定した平らなところで、目盛りの位置と同じ高さに目線を合わせて確認すると、正確にはかることができます。

はかり
材料をのせて重さをはかる道具。1g単位ではかれるものがよいでしょう。

最初にからのボウルをのせて目盛りをゼロにします。

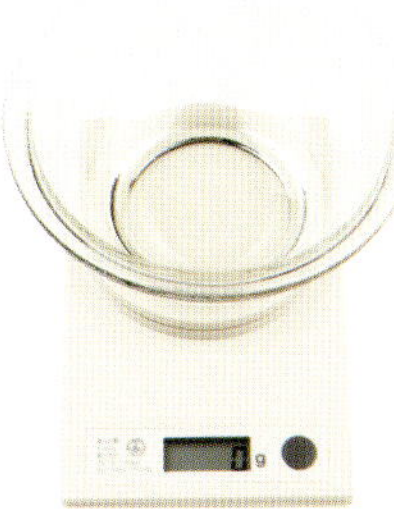

次に、材料を分量の重さになるまで入れます。

材料について知っておきましょう

この本でよく使う材料をしょうかいします。
どれも、お菓子作りには欠かせないものばかりです。

グラニュー糖
きび砂糖
粉糖

小麦粉
クッキーやケーキなどのお菓子に使うのは、ねばりのもととなるグルテンが少ない薄力粉。パイやパンをつくるときは、グルテンを多くふくむ強力粉を使います。だまにならないように、ふるってから使いましょう。

砂糖
いろいろな種類がありますが、この本ではグラニュー糖ときび砂糖、粉糖を使います。グラニュー糖はくせのないすっきりしたあまみがお菓子向き。きび砂糖は素朴でコクのあるあまみ。グラニュー糖を粉末状にしたものが粉糖です。

バター
ふつうのバターは、塩分が加えられている有塩バター。でも、お菓子の繊細な味のためには、塩分を加えていない食塩不使用のバターのほうが向いています（この本で「バター」とだけ表記しているときはどちらのバターでもOK）。

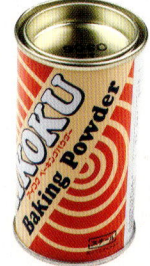

生クリーム
この本では乳脂肪分が高い40～45％のものを使っています。濃厚でコクのある味に仕上がります。乳脂肪分の低い35％くらいのものは、ムースなど軽く仕上げたいときに向いています。つくるお菓子に合わせて使い分けましょう。

ベーキングパウダー
粉類に少量混ぜると、生地がふくらみます。粉類といっしょにふるって使いましょう。

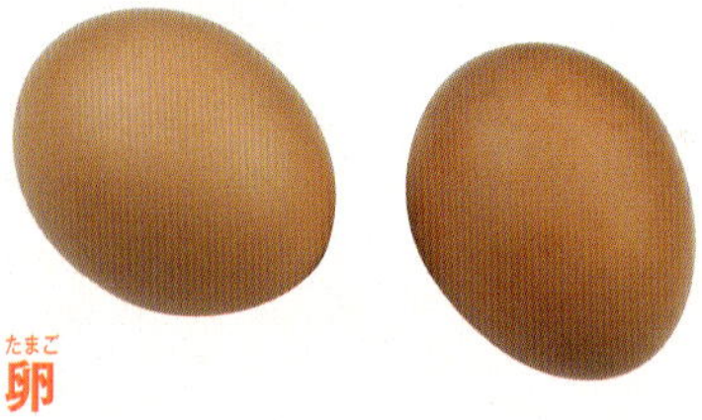

卵
お菓子作りになくてはならないのが卵。新鮮なもののほうが卵白がしっかりあわだち、仕上がりの風味もよくなります。日付を見て買いましょう。

＊この本では、Mサイズ50～55g（からをのぞく）の卵を使っています。

卵黄と卵白の分け方

大さじを使うと簡単！

ボウルに卵を割り入れ、大さじで卵黄をすくうと、きれいに分けることができます。

お菓子作りを楽しむために

材料は分量どおりにはかりましょう

分量を正確にはかることは、お菓子作りの大事な基本。分量が少しでもちがうと、うまくいかないことも。きっちり正確にはかるくせをつけましょう。

レシピの順番どおりに進めましょう

最初にひととおりレシピに目を通し、全体の流れを頭に入れておきましょう。「準備しておくこと」がある場合は、必ず先にすませて。レシピの順番どおりにつくることが、成功への近道です。

あわてず、ゆっくりていねいに

お菓子を急いでつくるのは、失敗のもとです。時間のよゆうをもって、ゆっくりていねいにつくりましょう。特にオーブンや火にかけたなべは熱くなっているので、あわててさわって、やけどしないように注意しましょう。

清潔を心がけて

身だしなみをきちんと整えて、気持ちよくお菓子作りにとりかかりましょう。手は石けんできれいに洗い、かみの毛が長い場合は、三角きんをしたり、後ろで結んだりして清潔に。最後にエプロンをしたら、準備OK。さあ、楽しい時間のはじまりです！

フルーツチョコ

フルーツのあまずっぱい味やかおりが、
なめらかなチョコレートと相性ばつぐん！
あまいものが苦手な人にもおすすめです。
いろいろなフルーツで試して、
お気に入りの味を見つけてみて。

30分
火を使わない

材料　作りやすい分量

チョコレート（スイート、ホワイト）　　　各100g
いちご、ぶどう　　　適量
ドライフルーツ（あんず、マンゴー、パイナップル、バナナなど）　　　適量

準備しておくこと

❖ バットの裏面にオーブンシートをしいておく。

【チョコレートの選び方】
チョコレートのおいしさで選ぶなら、クーベルチュールチョコレート、市販のふつうのチョコレート、コーティングチョコレートの順。短時間に手作りチョコレートを楽しみたいときは、コーティングチョコレートを使うと、とかすだけで使えるので便利です。

作り方

1 チョコレートは包丁で細かく刻む。写真のように最初に両方の角をななめに刻み、できた角をまた刻むというようにすると、それほど力を入れなくても、楽に刻むことができる。

2 1のチョコレートをボウルに入れ、ゴムべらで静かに混ぜながら、湯せんにかけてとかす。

＊チョコレートの入ったボウルに、湯が入らないように注意する。

3 とけたら湯せんからはずし、チョコレートにつやが出て、とろりとしたねばりが出てくるまで練り混ぜる。

＊コーティングチョコレートを使った場合は必要なし。

4 いちごやドライフルーツを3のチョコレートにつけ、余分なチョコレートをボウルのふちで落としてから、オーブンシートをしいたバットにのせて、そのままかためる。

＊チョコレートがかたまる前に、好みでカラースプレーやナッツなどをふりかけてもよい。

memo
フルーツは好みのもので

写真は前のページで使ったもの。上の列左から、ドライあんず、ドライマンゴー、ドライパイナップル、ドライバナナ、ぶどう、いちご。

＊生のフルーツの場合は、切ると水分が出るキウイなどや、色が変わりやすいものはさける。

column　チョコレートの種類

お菓子作りに使うチョコレートには、さまざまな種類があります。
それぞれの特徴を知って、使い分けましょう。

製菓用　クーベルチュールチョコレート
原料のカカオバターの割合が多く、風味と口どけがよい。使う場合は、一度とかして温度調節をする必要がある（P.11の作り方2～3参照）。原料の成分によって大きく3つに分けられる。[スイート] カカオ分が多く、あまみが少なく、苦みがある。[ミルク] スイートに乳成分を加えた、マイルドな味。[ホワイト] カカオマスをふくまず、白くてあまい。

製菓用　コーティングチョコレート（洋生チョコレート）
「パータグラッセ」とも呼ばれる。コーティングしやすいように、原料に植物油脂が多めにふくまれ、温度調節をしなくても、とかすだけで簡単に使うことができる。

市販のふつうのチョコレート
製菓用のチョコレートとは、原料の成分がちがうため、口どけのなめらかさや風味は少しおとる。

コーティングチョコレート
クーベルチュールチョコレート（板状、ブロック状）
クーベルチュールチョコレート（タブレット状）
市販のふつうのチョコレート（板チョコ）

材料 各15個分

チョコレート（スイート、ホワイト）　各50g

＊クーベルチュールチョコレートか板チョコを使う（P.9参照）。

ナッツ（カシューナッツ、ヘーゼルナッツ、くるみ、かぼちゃの種、松の実など）　適量

ドライフルーツ（クランベリー、レーズン、あんず、パイナップルなど）　適量

準備しておくこと

❖ バットの裏面にオーブンシートをしいておく。

❖ ドライフルーツは、小さく切っておく。

memo

ナッツやドライフルーツは好みのもので

写真は前のページで使ったもの。上の列左から、グリーンレーズン、松の実、カシューナッツ、ドライクランベリー、レーズン、かぼちゃの種、アーモンド、ドライパイナップル、ドライあんず、くるみ、ヘーゼルナッツ。

作り方

1 チョコレートは包丁で細かく刻む。両方の角からななめに刻んでいくと、力をそれほど入れなくても、楽に刻むことができる。

2 刻んだチョコレートをボウルに入れ、ゴムべらで静かに混ぜながら、湯せんにかけてとかす。

＊チョコレートの入ったボウルに、湯が入らないように注意する。

3 とけたら湯せんからはずし、ゴムべらで練るように混ぜながら、チョコレートの温度を下げていく。写真のように、つやが出て、とろりとしたねばりが出るまで混ぜる。

4 バットにしいたオーブンシートに、3のチョコレートをスプーンで好きな形に流す。

5 チョコレートがかたまらないうちに、好みのナッツやドライフルーツを上にかざる。

6 冬は、すずしい部屋に約20分置いておく。温度が高い部屋や夏場は、冷蔵庫に約10分入れて、かためる。かたまったら、シートから簡単にはがすことができる。

「マンディアン」はもともと、ほどこしを受けるという意味の言葉です。托鉢し、食べものなどをもらうキリスト教の4宗派の修行僧の服の色をまねして、ナッツやドライフルーツを入れてお菓子をつくったことから、そう呼ばれるようになりました。

40分 + 1時間(冷蔵庫)

火を使わない

生チョコ

石だたみをイメージした生チョコは、
とろけるような口どけが、おいしさのカギ。
ほろ苦いココアをたっぷりまぶして、
本格的でおしゃれな雰囲気に仕上げます。

材料　20個分（13cm×10cm×2.5cmの型を使用）

チョコレート（ミルク）	150g

＊クーベルチュールチョコレートか板チョコを使う（P.9参照）。

生クリーム	大さじ5（75mL）
ココア	大さじ4

準備しておくこと

❋ オーブンシートで13cm×10cm×2.5cmの箱形の型をつくる。その大きさに合わせて厚紙でわくをつくって囲い、バットにのせておく。

❋ 別のバットにココアをふるっておく。

作り方

1 チョコレートは包丁で細かく刻む。両方の角からななめに刻んでいくと、力をそれほど入れなくても、楽に刻むことができる。

2 耐熱ボウルに生クリームを入れて、電子レンジで1分加熱する。または、片手なべに生クリームを入れて、ふっとう直前まで温める。

3 2に1のチョコレートを加え、ゴムべらでゆっくり混ぜながらとかす。

＊チョコレートがとけきらない場合は、電子レンジで10秒加熱して、完全にとかす。

＊写真のように、なめらかにとければOK。

4 用意したバットにのせた型に3を流し入れ、冷蔵庫で約1時間冷やしてかためる。

5 かたまったら厚紙のわくから出して、オーブンシートをはがす。まな板にのせ、定規ではかりながら、切る部分に竹ぐしで目印をつける。

6 目印をつけたところを包丁で切る。

＊包丁は、切るたびにふきんでふくと、きれいに切り分けられる。

7 すべて切り分けたら、ココアをふるったバットに入れ、手で全体にまぶす。

かりかりのナッツに、ふんわりマシュマロ、
あまずっぱいドライフルーツなど、
クリーミーなホワイトチョコの中に、
いろいろなおいしさが広がります。

ホワイトチョコナッツバー

30分 + 30分（冷蔵庫）

火を使わない

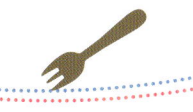

材料　4本分（2.5cm×2.5cm×15cm）

チョコレート（ホワイト）	200g
*クーベルチュールチョコレートか板チョコを使う（P.9参照）。	
マシュマロ（小）	20g
コーンフレーク	15g
ナッツやドライフルーツ（ヘーゼルナッツ、くるみ、ドライクランベリー、ドライパイナップル、ドライあんずなど）	計80g
粉糖	大さじ1

準備しておくこと

❖ アルミホイルを2重にし、写真のように2.5cm×2.5cm×15cmのみぞが5本ならぶように折って型をつくり、バットにのせておく（そのうち1本のみぞは使用しない）。

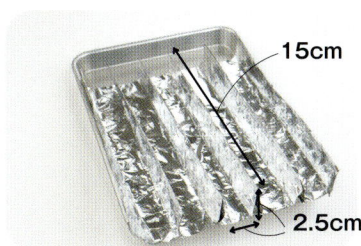

作り方

1 チョコレートは包丁で細かく刻んで（P.9参照）ボウルに入れ、ゴムべらで静かに混ぜながら、湯せんにかけてとかす。

＊チョコレートの入ったボウルに、湯が入らないように注意する。

2 とけたら湯せんからはずし、ゴムべらでよく練り混ぜながら、つやが出て、とろりとしたねばりが出るまで混ぜる。

3 マシュマロを加えて混ぜ、次にコーンフレークも加えて手早く混ぜる。

4 最後にナッツやドライフルーツも加え、混ぜ合わせる。混ぜすぎないように注意する。

5 4を用意した型にスプーンでつめる。

6 冷蔵庫で約30分冷やしてかためる。型からはずしてバットにのせ、茶こしで粉糖をふりかける。

20分 + 20分（焼き時間） オーブンで

ブラウニー

生地にチョコレートとココアを混ぜて、コクのあるあまさに焼き上げた人気のチョコスイーツ。くるみのこうばしさと、ほろっとした食感も魅力。日持ちするので、プレゼントにも最適です。

材料　1台分（20cm×20cm×3.5cmの角型を使用）

チョコレート（スイート）	100g
＊クーベルチュールチョコレートか板チョコを使う（P.9参照）。	
バター（食塩不使用）	100g
グラニュー糖	100g
卵	2個
薄力粉	100g
ココア	20g
ベーキングパウダー	小さじ1+1/2
塩	少々
くるみ	60g

準備しておくこと

❖ オーブンシートを27cmの正方形に切る。型の高さに合わせて四すみに切りこみを入れ、折り目をつけて角型にしいておく。

❖ 薄力粉、ココア、ベーキングパウダー、塩はいっしょに、万能こし器でふるっておく。

❖ バターは室温に置いて、やわらかくしておく。

❖ オーブンは180℃に温めておく。

❖ くるみは大きめに刻んでおく。

作り方

1 チョコレートは包丁で細かく刻んで（P.9参照）ボウルに入れ、ゴムべらで静かに混ぜながら、湯せんにかけてとかす。

＊チョコレートの入ったボウルに、湯が入らないように注意する。

2 別のボウルにバターを入れ、あわだて器でよく混ぜる。

3 1が温かいうちに2に加え、混ぜ合わせる。

4 グラニュー糖を2〜3回に分けて加えながら、よくすり混ぜる。

5 卵をときほぐし、4回に分けて加えて混ぜる。生地とよくなじむまで混ぜてから、次の卵を加える。

6 ふるっておいた粉類と塩を、2回に分けて混ぜ合わせる。

7 最後に大きめに刻んだくるみを加えて、混ぜ合わせる。

8 角型に7の生地を流し入れ、ゴムべらで平らにならす。

9 180℃に温めたオーブンで約20分焼き、角型に入れたまま冷ます。

＊焼きすぎないように注意する。

10 冷めたら角型から出し、包丁で食べやすい大きさに切る。

トリュフ

1時間 + 30分（冷蔵庫）

火を使わない

大切な人には、たっぷりの愛情をこめて、
とっておきの手作りトリュフをおくりましょう。
ゆっくりていねいにつくれば、
お菓子屋さんのトリュフに負けない本格的な仕上がりに！
洋酒を少し入れると、ぐっと大人の味になります。

材料　白、茶色　各6個分

チョコレート（ミルク、スイート）	各100g
*クーベルチュールチョコレートか板チョコを使う（P.9参照）。	
生クリーム	50mL
ココア	大さじ3
粉糖	大さじ3
ラム酒（好みで）	小さじ1/2

準備しておくこと

❀ バットにオーブンシートをしいておく。

❀ 別の2つのバットにココアと粉糖を、それぞれ万能こし器でふるっておく。

作り方

1 チョコレートは、それぞれ包丁で細かく刻む（ミルクとスイートは分けておく）。両方の角からななめに刻んでいくと、力をそれほど入れなくても、楽に刻むことができる。

2 耐熱ボウルに生クリームを入れ、電子レンジで30秒加熱する。または、片手なべに生クリームを入れて、ふっとう直前まで温める。

3 刻んだミルクチョコレートを2に加え、ゴムべらでゆっくり混ぜながらとかす。

＊洋酒（ラム酒など）を入れるなら、最後に加える。

4 小さいボウルに移し、暖房のかかっていない（室温が低い）部屋で、そのままゆっくり冷ます。

5 冷めて、バターくらいのかたさになったら、スプーンを2本使ってひと口大に丸め、オーブンシートをしいたバットにのせる。

6 冷蔵庫で約30分冷やしてかため、指先で形をととのえる。

7 刻んだスイートチョコレートをボウルに入れ、湯せんにかけてとかしながら、ゴムべらで静かに混ぜる。とけたら湯せんからはずし、チョコレートにつやが出るまで、ゴムべらで2分ほど練り混ぜる。

8 6のチョコレートをフォークにのせて、7のとかしたチョコレートにくぐらせる。

＊余分なチョコレートは、ボウルの中でよく落としておく。

9 ココアまたは粉糖の入ったバットに8を入れ、フォークでころがしながらまぶす。

10 バットに入れたままかため、余分なココアや粉糖をはらう。

ハートクッキー

20分（冷蔵庫）＋30分（焼き時間）＋15分

オーブンで

キュートなハート形のクッキーは、
なんといっても、バレンタインの定番。
あまさひかえめのほろ苦いココア生地の、
さくさくとした食感がたまりません。
チョコやピーナッツのクリームをサンドすると、
さらにリッチな味わいに！

材料　大4枚・小20枚

バター（食塩不使用）	70g
グラニュー糖	50g
卵	1/2個
薄力粉	130g
ココア	20g
シナモンパウダー	小さじ1/4
チョコレートクリーム（市販品）	適量
ピーナッツクリーム（市販品）	適量

準備しておくこと

❀ 薄力粉とココア、シナモンパウダーはいっしょに、万能こし器でふるっておく。

❀ バターは室温に置いて、やわらかくしておく。

作り方

1 ボウルにバターとグラニュー糖を入れ、あわだて器でよくすり混ぜる。

2 1にときほぐした卵を加え、よく混ぜ合わせる。

3 ふるっておいた粉類を加え、ゴムべらで練らないようにさっくりと混ぜる。

4 だいたいまとまってきたら、薄力粉（分量外）をつけた手で、空気をぬくようにまとめていく。

5 最後は、手でパンパンとたたくようにしながら生地をなめらかにし、ひとつにまとめる。

6 5の生地を2枚のラップではさみ、冷蔵庫で30分ほど休ませる。

＊生地を休ませている間に、オーブンは170℃に温めておく。

7 6の生地を冷蔵庫から出し、ラップをつけたままめん棒を少しずつ動かしながら、3〜4mm厚さになるまでのばす。

8 薄力粉（分量外）をつけたクッキー型でぬく。

9 ぬいた生地をオーブンシートをしいた天板にならべ、竹ぐしで穴をあけて模様をつける。

10 170℃に温めたオーブンで、小さいものは8〜10分、大きいものは12〜15分焼き、ケーキクーラーの上にのせて、冷ます。

11 冷めたら、好みでチョコレートクリームやピーナッツクリームをはさむ。

column アイシングでかわいさアップ！

クッキーの表面に、アイシングで模様やメッセージをかくのもおすすめ。世界で1つだけのオリジナルクッキーをつくってみましょう。

アイシングをつくる

1 粉糖60gと卵白10gをボウルに入れ、あわだて器で白っぽくなるまでよく混ぜる。

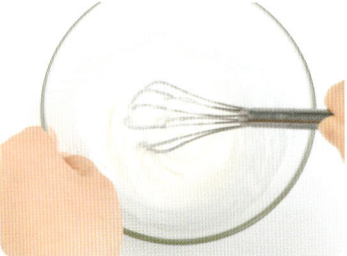

2 1にレモン汁少々を加えて混ぜ合わせる。
右の写真は、できあがりの状態。あわだて器ですくうと、たらりと長い角ができるくらいを目安に。

コルネにつめる

スプーンなどでコルネにつめたら、口を折って閉じる。さらに両はしを折ってしっかり閉じると、中身がはみ出してこない。

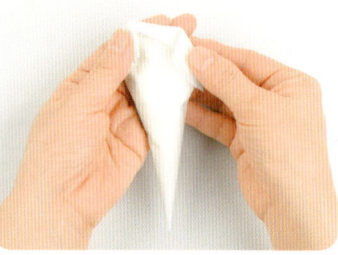

コルネの作り方

＊コルネは、クリームやアイシングなどを細くしぼり出すときに使う、紙のしぼり出しぶくろのこと。
オーブンシートを直角三角形に切り、いちばん長い辺の真ん中あたりが三角すいの頂点になるように、くるくると巻く。

クッキーにしぼり出す

コルネの先をはさみで少し切り、クッキーの表面にしぼり出す。

ラッピングアイディア

手作りチョコは、ラッピングにもこだわって！
仲良しの友達や大切な人にちょっとあらたまってプレゼント。
そんなときに役立つ、バレンタイン向けのラッピングをしょうかいしましょう。

身近な素材を使って手軽に

ラッピングに使う素材は、特別に用意しなくても、身の回りにあるものでじゅうぶん。かわいい絵がらのポストカードやカラフルなふうとう、厚手のペーパー、ワイヤー入りのタイなどを上手に利用しましょう。

Ⓐ ポップな模様の紙カップにトリュフをのせて。セロファンのふくろに入れたら、カラフルなワイヤー入りのタイで留めるのがポイント。

Ⓑ セロファンのふくろにマンディアンを入れ、切ったポストカードといっしょにホチキスで留めるだけ。簡単でかわいさ満点のラッピング。

Ⓒ 立体的に広げたふうとうの底の部分に、ワイヤー入りのタイで取っ手をつければ、小さなかごのできあがり！ 中にはセロファンで包んだチョコなどをつめて。

Ⓓ 形がかわいいクッキーは、セロファンのふくろに入れて「見せるラッピング」を。クッキーの下にはカラフルなペーパーを2枚重ねて入れ、かわいい厚紙といっしょにホチキスで留めれば完成。

カラフルなボタンをアクセントに

シンプルなラッピングも、かわいいボタンをプラスするだけで、ぐっとおしゃれになります。ラッピングのワンポイントになるような、カラフルなボタンを選ぶのがコツ。

Ⓐ これは、パーティーなどのおもてなしアイディア。それぞれの紙コップに色や形のちがうボタンを両面テープでつけておけば、コップを見分ける目印に。

Ⓑ 紙コップに小さなお菓子を入れ、きれいな包装紙などを四角に切った紙でふたをしてひもで結んだアイディアラッピング。紙コップを逆さにして、ボタンをつけた針金を底に通しておけば、チャーミングな雰囲気に。

Ⓒ フルーツチョコは、形がくずれないように、紙コップにつめてから、さらにセロファンで包むとベター。仕上げにボタンを通したひもでキュッと結んで。

Ⓓ ブラウニーなどは、きれいな色のふうとうに入れたら、ひもで結んで小包み風に仕上げて。ひもに通した真っ赤なボタンをアクセントに。

バースデーカップケーキ

A ラズベリークリームカップ

B キャラメルクリームカップ

C いちごあんカップ

D あんずチョコカップ

E カラフルチョコカップ

F クリームフルーツカップ

シンプルなカップケーキも、自由にデコレーションを楽しめば、
バースデーパーティーの主役に！
写真のケーキを参考にしながら、いろいろな組み合わせに
チャレンジしてみて!!
とびっきりおいしくて、かわいいトッピングが見つかるかも。

30分 + 20分（焼き時間）
オーブンで

G チーズクリームカップ

H ラズベリージャムカップ

I バナナクリームカップ

J いちごクリームカップ

K チョコナッツカップ

L キウイクリームカップ

材料

12個分（直径5cm、深さ3.5cmの紙カップケース）

カップケーキ

バター（食塩不使用）	100g
グラニュー糖	100g
卵	2個
薄力粉	140g
ベーキングパウダー	小さじ1
デコレーションの材料	適量

準備しておくこと

❀ 薄力粉とベーキングパウダーはいっしょに、万能こし器でふるっておく。

❀ バターは室温に置いて、やわらかくしておく。

❀ オーブンは180℃に温めておく。

作り方

カップケーキ

1 ボウルにバターを入れ、あわだて器でよく混ぜてから、グラニュー糖を加えてよくすり混ぜる。

＊空気をふくませるようにしながら、ふわっと白っぽくなるまでよく混ぜる。

2 別のボウルに卵を割り入れ、スプーンで卵黄を1個すくって1に加え、よく混ぜ合わせる。卵白は残しておく。

3 もう1つの卵黄も加え、さらによく混ぜ合わせる。

4 卵白2個分は大さじ1ずつ加えて、よく混ぜ合わせる。

5 ふるっておいた粉類を4に1/3量加え、軽くゴムべらの背でおしながら、粉を生地に混ぜていく。

6 残りの粉類も2回に分けて加え、練らないようにゴムべらで混ぜ合わせ、なめらかな生地にする。

7 紙カップケースを天板にならべ、スプーンを2本使って6の生地をカップの7分目まで入れる。

8 180℃に温めたオーブンで約20分焼き、ケーキクーラーの上にのせて、冷ます。冷めたら、好きなようにデコレーションをする。

デコレーションの仕方

A　ラズベリークリームカップ
ラズベリークリーム＊＋ラズベリー＋ミント
ラズベリークリームをしぼり出し、ラズベリーをのせて、ミントの葉をかざる。

B　キャラメルクリームカップ
ホイップクリーム＊＋キャラメルソース＊＋くるみ
ホイップクリーム（8分立て）をのせ、キャラメルソースをスプーンですじ状にたらして模様をつける。くだいたくるみをのせる。

C　いちごあんカップ
あんこ＋ホイップクリーム＊＋いちご
練りあんをぬり、ホイップクリーム（8分立て）をしぼって、縦半分に切ったいちごをのせる。

D　あんずチョコカップ
あんずジャム＋チョコチップ＋アラザン
あんずジャムをぬり、チョコチップとアラザンを散りばめる。

E　カラフルチョコカップ
チョコクリーム＋トッピングシュガー＋ポップコーン
チョコクリーム（市販品）をぬり、トッピングシュガーを散らし、ポップコーンをのせる。

F　クリームフルーツカップ
ホイップクリーム＊＋ドライフルーツ＋アラザン
ホイップクリーム（8分立て）を山高にしぼり出し、ドライフルーツをのせ、アラザンを散らす。

G　チーズクリームカップ
チーズクリーム＊＋チョコスプレー＋ドライパイナップル
チーズクリームをぬってチョコスプレーを散らし、真ん中にドライパイナップルをのせる。

H　ラズベリージャムカップ
ラズベリークリーム＊＋ラズベリージャム＋マシュマロ
ラズベリークリームを山高にしぼり出し、ラズベリージャムをかけて、マシュマロをのせる。

I　バナナクリームカップ
ホイップクリーム＊＋トッピングシュガー＋バナナ＋カラント（赤すぐり）
ホイップクリーム（8分立て）をしぼり出し、トッピングシュガーを散らして、真ん中に刻んだバナナとカラントをのせる。

J　いちごクリームカップ
ホイップクリーム＊＋いちご＋ミント
ホイップクリーム（8分立て）をのせ、刻んだいちごとミントの葉をかざる。

K　チョコナッツカップ
チョコクリーム＋ココナッツフレーク＋ヘーゼルナッツ＋かぼちゃの種
チョコクリーム（市販品）をスプーンですじ状にたらして模様をつけ、ココナッツフレークを散らす。真ん中にヘーゼルナッツとかぼちゃの種をのせる。

L　キウイクリームカップ
ホイップクリーム＊＋トッピングシュガー＋キウイ
ホイップクリーム（8分立て）を山高にしぼり出し、トッピングシュガーをかざって、真ん中にハート形にぬいたキウイをのせる。

＊**ラズベリークリーム**（カップケーキ6個分）の作り方
冷凍ラズベリー30gを耐熱ボウルに入れて、電子レンジで20秒加熱し、裏ごしてピューレ状にする。生クリーム50mLにグラニュー糖大さじ1を入れ、6分立てにあわだてたところにラズベリーのピューレを加え、混ぜ合わせる。

＊**ホイップクリーム**（カップケーキ5個分）の作り方
生クリーム50mLとグラニュー糖小さじ2をボウルに入れ、底に氷水をあてながら、あわだて器で8分立てにあわだてる。

＊**キャラメルソース**（カップケーキ2個分）の作り方
耐熱容器に市販のキャラメル2個（10g）と牛乳小さじ1/2を入れ、電子レンジで40秒、キャラメルがとろけるまで加熱する。スプーンでなめらかになるまで混ぜる。クリーム状になるまで、冷蔵庫で約5分冷やす。

＊**チーズクリーム**（カップケーキ2個分）の作り方
クリームチーズ30gときび砂糖小さじ1をよく混ぜ合わせる。

ラッピングアイディア

小さなカップケーキは、手みやげにもおもてなしにも大活やく！
おしゃれにトッピングされたカップケーキがならぶと、みんなから歓声があがることまちがいなし！ひと手間かけるだけで、さらにかわいく演出できます。

持ち運ぶときは深めの箱にきっちりつめること
カップケーキがすっぽり入るくらいの深さがあるじょうぶな箱に、くずれないようにすき間なくつめましょう。箱の底にしいた布がさりげなく見えるのがおしゃれ。テープでキャンドルをふたに留めるのも忘れずに。

ペーパーを2枚重ねてお皿代わりに
パーティーなどのおもてなしには、こんなひと工夫を。カップケーキよりもひと回り大きめに切ったペーパーにちょこんとのせれば、かわいらしさがさらに引き立ちます。2枚のペーパーは、ポップな模様のものとカラフルな無地の組み合わせがおすすめ。

30分（冷蔵庫）+1時間（冷蔵庫）+15分

火を使わない

フルーツサンドケーキ

季節のフルーツを食パンにたっぷりはさんだ、ケーキのようなスペシャルサンドイッチです。はなやかな見た目は、おもてなしにもぴったり。ホイップクリームにヨーグルトを混ぜて、さっぱりとした味わいに仕上げます。

材料 4人分

プレーンヨーグルト（無糖）	100g
生クリーム	50mL
グラニュー糖	大さじ1
食パン（サンドイッチ用）	6枚
はちみつ	大さじ2
いちご	6〜8個
キウイ	1/2個
スライスアーモンド	適量
粉糖	適量

準備しておくこと

✿ いちごはかざり用に少し残して、へたをとって5mm厚さの輪切りにする（かざり用のいちごは、へたをつけたまま、縦4等分に切っておく）。

✿ キウイは皮をむいて5mm厚さの輪切りにし、4等分に切る（かざり用に少し残しておく）。

作り方

1 コーヒードリッパーに紙フィルターをセットし、プレーンヨーグルトを入れて冷蔵庫で半量になるまで約1時間水きりする。写真は水きりし終わった状態。

＊出てくる水分は乳清なので、よく冷やして飲んだり、オレンジジュースなどに混ぜて飲んだりするとおいしい。

＊コーヒードリッパーがない場合は、万能こし器にキッチンペーパーをのせて水きりする。

2 生クリームとグラニュー糖をボウルに入れて、底に氷水をあてながら、あわだて器で8分立てにあわだてる。

3 2に1のヨーグルトを加えて混ぜ合わせる。

4 食パンの片面に、ナイフではちみつをうすくぬる（はちみつは仕上げ用に少し残しておく）。

5 4のはちみつの上に、3のクリームをぬる（クリームは仕上げ用に少し残しておく）。

6 5の食パンにいちごとキウイを下の写真のようにのせて、サンドする。

＊キウイは、四すみにキウイの角を合わせて、すき間なくのせると、すみずみまでおいしく食べられる。

7 いちごサンド、キウイサンド、いちごサンドの順に重ねる。

8 ラップで密着するように包み、冷蔵庫に約15分入れ、パンとクリームをなじませる。

9 定規をあてて包丁で均等に4等分に切る。

＊包丁は、1回切るごとにふきんでふくと、切り口がきれいになる。

＊切りづらいようなら、ラップをかけたまま切るとよい。

10 横長になるように皿に盛りつけ、上の面にはちみつと3のクリームをぬって、スライスアーモンドをのせる。茶こしで粉糖をふりかけ、かざり用に残しておいたいちごとキウイをかざる。

ポップコーン＆マシュマロクッキー

マシュマロクッキー
3分
電子レンジで

ポップコーン
30分
なべとフライパンで

みんなが集まるパーティーには、
ゆかいにはじける、
こんなスイーツがぴったり！
どちらも、なべや電子レンジで
あっという間につくれます。
楽しいおしゃべりがはずみそう！

材料 8カップ分

ポップコーン

ポップコーン用とうもろこし	50g
サラダ油	大さじ3

キャラメルポップコーン

ポップコーン	4カップ
生クリーム	大さじ2
グラニュー糖	60g
バター	小さじ1

準備しておくこと

❖ バットにサラダ油（分量外）をキッチンペーパーでうすくぬっておく。

作り方

ポップコーン

1. 深めでふたのある片手なべに、ポップコーン用とうもろこしとサラダ油を入れる。
  * とうもろこしは、なべの底に重ならないように入れる。

2. ふたをして中火にかけける。ポンポンはじける音がしてきたら、ふたをしっかりおさえてなべをゆすりながら、さらに火にかける。

3. はじける音がしなくなったら、火から下ろし、そのまま30秒ほど置いてからふたをあける。
  * はじけて飛び出すことがあるので、絶対に途中でふたをあけないこと。

キャラメルポップコーン

4. できたてのポップコーンを、用意したバットに入れておく。

5. 生クリームを電子レンジで20秒加熱して温めておく。

6. フッ素樹脂加工のフライパンにグラニュー糖を入れ、中火にかける。
  * グラニュー糖がとけるまでは、木べらなどでかき混ぜないこと。

7. グラニュー糖がとけてうすい紅茶色になったら、5の生クリームとバターを加えて弱火にし、耐熱ゴムべらなどで静かにかき混ぜながら、1分ほど火にかける。

8. 7を4のポップコーンにかけて、ゴムべらで全体にからめる。

9. あら熱がとれたら、キャラメルが冷めないうちに丸め、キャラメルがかたまるまでそのまま置いておく。

材料 4個分

マシュマロクッキー

クッキー	8枚
マシュマロ（大）	4個

作り方

マシュマロクッキー

1. 電子レンジの皿にオーブンシートをしき、クッキーを4枚置き、その上にマシュマロを1個ずつのせる。

2. 電子レンジで15～20秒加熱する。

3. マシュマロが1.5倍くらいにふくらんで熱いうちに、残りのクッキーを1枚ずつのせて、そのまま冷ます。

ラスク

オーブンで

⏱ 20分 + 1時間(かんそう) + 20分(焼き時間)

かりかりとしたこうばしさが人気のラスクは、手作りすれば、とびきり簡単！
食べ切れずに残ったパンを使ってもOK。
好みのフレーバーで楽しんでみましょう。
ちょっとしたプレゼントや
パーティーの手みやげにもおすすめです。

材料 20個分	
フランスパン	1/2本
バター(有塩)	30g
グラニュー糖	大さじ2
シナモンパウダー	小さじ1/2
グラニュー糖	大さじ1
粉チーズ	大さじ2
はちみつ	大さじ1

準備しておくこと

❖ 天板にオーブンシートをしいておく。

作り方

1 フランスパンを1cm厚さに切り、ケーキクーラーの上にのせて、30分～1時間置き、表面をかんそうさせる。

＊パンをかんそうさせている間にオーブンは120℃に温めておく。

2 1にバターをうすくぬり、オーブンシートをしいた天板にならべる。

3 グラニュー糖大さじ2、シナモンシュガー(シナモンパウダーにグラニュー糖大さじ1を混ぜる)、粉チーズ、はちみつをそれぞれ別のボウルに入れる。

4 2のパンの表面を3のいずれかにつける(写真はシナモンシュガー)。

＊はちみつの場合は、グラニュー糖とあわせて使う(はちみつをうすくぬってから、グラニュー糖をつける)。

5 120℃に温めたオーブンで、からりと水分がなくなるまで約20分焼けばできあがり。

ハート形にする場合

① フランスパンのはしをななめに切る。
② 焼き色がついている部分に切り目を入れる。
③ 左右に開く。

ラッピングアイディア

もらった人の喜ぶ顔が楽しみ！

おいしいラスクができたら、かわいくラッピングしてお友達にも分けましょう。形がくずれないように、ふんわり包むのがポイントです。

ユニークなテトラパック形に
シンプルだけど、形のおもしろさが目を引くラッピング。さわやかなストライプがらの紙ぶくろにハートのシールがチャーミング！

カラフルなモールを使って楽しく
自由自在に形が変えられるモールは、ラッピングに便利なアイテム。ビビッドな2色を組み合わせて使うのが、かわいらしさの決め手。

ラッピングの仕方

1 ふくろにラスクを入れ、ふくろの口の折り目同士(★印)を合わせる。
2 ふくろの口を2つ折りにし、テトラパック形に整えてシールをはる。

Ⓐ ラスクを入れたセロファンのふくろの両はしに、2色のモールを写真のようにねじってテープでつけ、バッグ風に。

Ⓑ セロファンのふくろにラスクを入れ、モールをねじって口を閉じるだけ。ハートや星など好きな形に仕上げて、ワンポイントに。

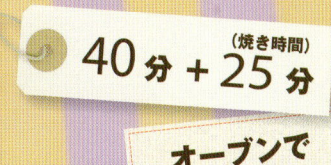

オーブンで

バスデー ショートケーキ

特別な日のスイーツといえば、やっぱりショートケーキに決まり！
ふわふわに焼き上げたスポンジに、ホイップクリームと
小さなベリー類をデコレーションして仕上げると、
食べるのがもったいないほどのかわいさに。

材料　1台分（直径15cmの丸いケーキ型を使用）

スポンジケーキ
卵	2個
グラニュー糖	60g
薄力粉	60g
バター（食塩不使用）	20g

ホイップクリーム
生クリーム	1カップ
グラニュー糖	大さじ2

かざり用のベリー類
いちご	1/2パック
ブルーベリー	10～15個
カラント（赤すぐり）	適量
ラズベリー	6～8個
グラニュー糖	適量
粉糖	適量
ミントの葉	適量

＊かざり用のフルーツは季節のものや、好みのもの（バナナ、パイナップル、メロンなど）でもよい。

準備しておくこと

❖ オーブンシートをケーキ型に合わせて、底と側面にしいておく。

❖ 耐熱ボウルにバターを入れ、電子レンジで30秒加熱してとかしておく。

❖ 薄力粉は万能こし器で2回ふるっておく。

❖ オーブンは170℃に温めておく。

❖ いちごは2～3個をかざり用に小さめに切り、残りは輪切りにしておく。

作り方

スポンジケーキ

1 ボウルに卵とグラニュー糖を入れ、あわだて器でよくほぐしたら、湯せんにかけて、人肌になるまで温める。

2 湯せんからはずし、生地がリボン状につながって落ちるくらいまで、あわだて器かハンドミキサーでよくあわだてる。

3 ふるった薄力粉をもう一度ふるいながら、1/3量加える。

4 ゴムべらでさっくりと混ぜ合わせ、残りの薄力粉もふるいながら2回に分けて加え、同様に混ぜ合わせる。

5 とかしたバターに4の生地を大さじ1混ぜ、4にまたもどして手早く混ぜ合わせる。

6 5の生地をゴムべらで型に流し入れる。

7 6の型を2〜3cmの高さから一度すとんと落として、生地の中の余分な空気をぬく。

8 170℃に温めたオーブンで約25分焼く。焼けたら型からはずし、ケーキクーラーの上にのせて、冷ます。あら熱がとれたら、かんそうしないようにポリぶくろに入れて冷ます。

9 8のスポンジを横に2等分に切る。切る位置に合わせてピック（ようじ）を4か所にさし、ピックの上にナイフを水平に入れて切ると、均等に切ることができる。

ホイップクリーム

10 生クリームとグラニュー糖大さじ2をボウルに入れ、底に氷水をあてながら、あわだて器で8分立てにあわだてる。

仕上げ

11 9のスポンジの下の段に、10のホイップクリームをスプーンで適量ぬり、輪切りのいちごをのせ、さらにクリームを適量ぬって、もう1枚のスポンジを重ねる。

12 重ねたスポンジの上面にもクリームをのせ、スプーンで全体にぬり広げる。

13 小さなスプーンの背でクリームをなぞって、花びらのように模様をつける。

14 かざり用のベリー類を準備する。ブルーベリーは、水につけてからグラニュー糖をまぶす。

カラントは皿にのせ、茶こしで粉糖をふる。

15 13のケーキの真ん中に14のベリー類、ラズベリー、小さく切ったいちごをのせ、ミントの葉をかざる。

生キャラメル

舌の上ですーっと、とろけるような口どけで、
まったりしたあまさが口いっぱいに広がる
極上の生キャラメル。
なめらかさの決め手は、キャラメルの煮つめ加減。
弱火でゆっくりていねいに仕上げましょう。

1時間 + 30分（冷蔵庫）

なべで

材料　70個分（14cm×20cm×2cmの型を使用）

生クリーム	1カップ
グラニュー糖	150g
バター（食塩不使用）	大さじ1
はちみつ	大さじ2

準備しておくこと

❁ バットにオーブンシートをしいておく。

❁ オーブンシートで14cm×20cm×2cmの箱形の型をつくる。その大きさに合わせて、厚紙でわくをつくって囲い、バットにのせておく。

生キャラメルの保存は冷蔵庫で。食べる前に室温にもどして、口どけのよさを楽しみましょう。

作り方

1 片手なべに生クリーム、グラニュー糖、バター、はちみつを入れて、そのまま15分ほど置き、グラニュー糖をなじませる。

2 1を弱火にかけ、ふっとうするまでは、ときどき耐熱ゴムべらか木べらでかき混ぜながら煮る。

＊なべの内側にグラニュー糖がつかないように、静かにかき混ぜる。

3 弱火で煮つめ、ふっとう後は、むやみにかき混ぜたりせず、さらに煮つめていく。最初は大きなあわができてはすぐ消えるが、だんだん小さなあわがゆっくり消えるようになる。

4 水を入れた容器を用意し、スプーンでキャラメルを少々すくって、水に落とし、かたさを確認する。

指でつまんで、やわらかくかたまるようならOK。

＊キャラメルが水にとけてしまうようなら、煮つめ方が足りない証拠。キャラメルがかたいときは、煮つめすぎ。

5 オーブンシートをしいたバットに流し入れ、30分ほどそのまま室温に置いて、あら熱をとる。

6 その後、冷蔵庫に30分ほど入れて、切りやすいかたさになるまで冷やす。

7 バットからとりだし、包丁で切り分ける。

8 オーブンシートに1つずつ包む。

お菓子をつくっていると、お部屋中にいいにおいが立ちこめて、家族みんながあったかい気持ちになれます。そんな幸せな時間を楽しんでくださいね。

大森いく子

創作菓子研究家。「身体にやさしいお菓子」を基本テーマに、健康のためにもよりよい素材を選んで、暮らしを素敵に心を豊かにしてくれるお菓子を提案。「大森いく子流失敗しない工夫」が随所に盛りこまれたレシピは、はじめての人でも簡単にお菓子作りが楽しめると大好評。著書に『基本のお菓子』(オレンジページ)、『いつでもクッキー、どこでもクッキー。』(Gakken)、『なめらかチーズケーキ』(世界文化社)など、多数。

制作スタッフ

撮影 ● 向村春樹(WILL)
スタイリング ● 檀野真理子
アートディレクション ● 大薮胤美(phrase)
デザイン ● 鈴木真弓(phrase)
イラスト ● カモ
スイーツ制作アシスタント ●
菅生美也子、濵小路直子
編集 ● 片岡弘子、滝沢奈美(WILL)、
小笠原章子、松尾恵子、中村緑
DTP ● 川島梓、西山由紀(WILL)
校正 ● 村井みちよ

おしゃれでおいしい！ 季節の手作りスイーツ
とっておきの日のスイーツ
バレンタインデー＆バースデー

初版発行　2011年3月
第6刷発行　2015年2月
著／大森いく子
発行所／株式会社金の星社
　〒111-0056　東京都台東区小島1-4-3
　TEL 03-3861-1861(代表)　FAX 03-3861-1507　振替 00100-0-64678
　ホームページ　http://www.kinnohoshi.co.jp
印刷／株式会社廣済堂　製本／東京美術紙工

■乱丁落丁本は、ご面倒ですが小社販売部宛にご送付ください。送料小社負担にてお取替えいたします。
ⓒIkuko Omori & WILL, 2011
NDC 596　ISBN978-4-323-06725-4　40ページ　27cm

おしゃれでおいしい！季節の手作りスイーツ

シリーズ全5巻　大森いく子 著

小学校高学年～中学生向き
A4変型判 40ページ 図書館用堅牢製本 NDC596（食品・料理）

季節を感じるさまざまなスイーツ。おいしくって、そして見た目もおしゃれ。写真を見ているだけでも幸せな気分。だけどやっぱり実際につくってみたら、もっともっと幸せな気持ちがあふれます。
「スイーツ作りは難しそう！」そんな思いこみをふき飛ばしてしまうような、失敗しないための工夫いっぱいのレシピです。

春のスイーツ

かわいい！と歓声のあがる「マカロン」「いちごのプチシュー」「お花のクッキー」。センスの光る「ラズベリーのレアチーズケーキ」「フルーツロールケーキ」「トライフル」など。

夏のスイーツ

おしゃれな冷たいスイーツ「フルーツゼリーのソーダパンチ」「オレンジカップゼリー」「レインボーシャーベット」。本格的なのに簡単「洋なしのアップサイドダウンケーキ」「マンゴープリン」など。

秋のスイーツ

秋らしさ満点「アップルパイ」「かぼちゃプリン」「木の実のタルト」「ハロウィンクッキー」。自分でつくれるなんてびっくり「バウムクーヘン」「モンブラン」「クレープ」など。

冬のスイーツ

みんなのあこがれ「ブッシュ・ド・ノエル」「お菓子の家」「ベイクドチーズケーキ」。手作りならではのおいしさ「ドーナツ」「いちご大福」「キャロットケーキ」など。

とっておきの日のスイーツ

バレンタインデー＆バースデー

バレンタインデーにおくりたい「フルーツチョコ」「生チョコ」「ハートクッキー」。バースデーを盛り上げる「カップケーキ」「ショートケーキ」「生キャラメル」など。おしゃれなラッピングアイディアも満載！